민들레 편지

박천호 시집

편백나무출판사

CONTENTS

06 • 여는글

1부. 저 요즘 이렇게 살아요

12 • 저녁 풍경
13 • 귀밑머리
14 • 명함
15 • 저 요즘 이렇게 살아요
16 • 길 찾기
17 • 배지를 떼어내며
18 • 학교 종소리
19 • 백수 선언
20 • 혹시 저 아시겠어요?
21 • 생수를 마시며
22 • 이장移葬
23 • 월유정月留亭

민들레 편지

2부. 나답게 혹 너답게 사는 세상

- 26 · 비둘기 날개에 대한 예언
- 28 · 네 팔자 상팔자
- 29 · 눈썹달
- 30 · 길냥이
- 31 · 정승과 개
- 32 · 산책길에서
- 33 · 이웃집 여자
- 34 · 운동회 신풍속도
- 36 · 이걸 어쩌나
- 37 · 강아지와 여자
- 38 · 사탕과 전단지
- 39 · 거울의 변명

CONTENTS

3부. 봄날에 부치는 민들레 사연

- 42 • 놀이터에서
- 43 • 제가 좀 바쁘거든요
- 44 • 매미 소리
- 46 • 그녀가 걷는다
- 48 • 우암산 연가
- 49 • 봄밤, 찔레꽃
- 50 • 당면에 빠진 여자
- 52 • 민들레 편지
- 54 • 별이 된 그녀
- 56 • 갑사甲寺
- 58 • 청보리밭에서
- 59 • 아, BTS 방탄소년단

민들레 편지

4부. 어머니, 영원한 나의 어머니

- 62 • 봄이 가네
- 63 • 어머니와 지팡이
- 64 • 우문현답
- 66 • 민들레 요양원
- 68 • 봄날의 기억
- 70 • 상추와 성경책
- 72 • 엄마가 안 보이네
- 73 • 밥심
- 74 • 엄마와 술래잡기
- 76 • 어머니의 방
- 78 • 제삿밥
- 79 • 딴 세상 이야기

CONTENTS

5부. 덤으로 살아가는 인생

- 82 • 열두 첩 반상
- 84 • 아내와 장모님
- 85 • 영수증
- 86 • 돌탑
- 88 • 만유인력
- 90 • 문의, 가을 한나절
- 92 • 황매화 피거들랑
- 93 • 떠돌이 바람의 약속
- 94 • 배나무밭과 오솔길
- 95 • 영공 통행세
- 96 • 크리스마스트리
- 98 • 장군과 어머니

해설

102 ◦ 그리움으로 길어 올린 서정의 세계 (이종대 시인)

여는 글

정년퇴직 한 지 육 년이 되었다.

사십 년 교직 생활을 마무리했다.

가지고 있던 것 모두 내려놓으니

걱정할 일이 눈곱만큼도 없어 보였다.

그러나 세상살이가 그리 녹록지 않았다.

긴장의 끈이 풀리자 아픔이 찾아왔다.

대학병원 병실에서 많이 아팠다.

상처가 아물 무렵 코로나가 창궐했다.

몇 년간 세상이 혼돈 그 자체였다.

그 사이 어머니가 돌아가시고,

늦둥이 아들이 결혼을 했다.

나도 어느새 고희의 나이가 되었다.

어쩌면 지금부터의 삶은 덤이다.

하루를 맞이하는 일에 감사하고

한 줄 글 쓰는 일에 고마워하며

곁에 있는 모든 이들을 사랑해야 하리라.

      2025. 여름에 저자

1부

저 요즘 이렇게 살아요

저녁 풍경
귀밑머리
명함
저 요즘 이렇게 살아요
길 찾기
배지를 떼어내며
학교 종소리
백수 선언
혹시 저 아시겠어요?
생수를 마시며
이장移葬
월유정月留亭

저녁 풍경

민들레가 모른 체 한다
달맞이꽃이 돌아앉았다
짐짓 헛기침해 보지만
주위 아무런 기척 없다
일부러 발소리 내봐도
누구도 아는 체 않는다
볼을 꼬집어보니 아프다
아픈 걸 보니 생시인데
낯선 저녁 풍경 속에
덩그러니 나 홀로 서 있다
집으로 가던 개미 한 마리
잠시 더듬이 기웃거리더니
별일 아니라는 듯
그냥 제 갈 길로 간다

귀밑머리

고향집 낡은 함석지붕
빗소리 요란하게 두드리면
우리는 이불을 뒤집어썼다
바람에 쿨렁대는 함석지붕과
덮어쓴 이불이 무슨 상관이련만
그렇게라도 밀려오는 두려움
문고리 아래 내려놓고 싶었다
먹고 사는 게 우선이란 핑계로
한동안 빗소리 듣지 못했다
새로 장만한 고층 아파트엔
빗방울 기댈 틈조차 없었고
처마 주위 떠돌던 바람조차도
어디 머물 곳 마땅치 않았다
밤새도록 함석지붕 두드리던
빗소리들은 어디로 간 것일까
이리저리 사방 수소문해 보니
허연 귀밑머리로 말라붙은 걸
이런, 나만 여태 몰랐다

명함

명함이 없다
다니던 직장 퇴직하고
백수 신세 되니
명함이 필요 없다
딱히 명함 줄 사람 없고
명함 달라는 사람도 없다
지갑 속 날씬한 몸매로
눈빛 반짝이던 명함
이젠 말끔히 비워냈다
가끔 안면 있는 사람이
오래전 기억 떠올리며
연락처라도 물으면
이럴 땐 참 난감하다
요즘 지갑에 넣어 둔
노란 은행잎 두어 장
이게 새로 만든 내 명함이다

저 요즘 이렇게 살아요

오전에 은행 창구에서
연금 통장 잔액 확인하고
동네 단골병원 의사에게
고혈압 약 처방 받아요
이곳저곳 단톡방 둘러봐도
인기척 없는 고요한 화면
시장 골목 어슬렁거리다
칼국수 한 그릇 사 먹어요
아파트 입구 마트에 들러
아내가 적어준 대로 장을 보고
휘적휘적 집으로 향하면
한가한 공원 풍경이 따라와요
텅 빈 벤치에 잠시 앉으면
쪼르르 다가오는 봄 햇살
세상살이 궁금하다 보채지만
그냥 슬쩍 웃어 넘겨요
저 요즘 이렇게 살아요

길 찾기

출입문 입구에서
손바닥에 침 묻혀
탁, 가야 할 길 점친다
그래 오늘은 동쪽이구나
그곳에 길인吉人이
날 기다리고 있구나
사방팔방 이어진 길
어디로 간들 무슨 상관이랴
내 발로 갔다가
내 발로 돌아오는데
어디 눈치 볼일 있으랴
오늘은 동쪽으로
내일은 서쪽으로
출입문 입구에서
탁, 손바닥으로 정하는
이 길이 내 길이다

배지를 떼어내며

양복 옷깃에 달았던
직장 배지를 떼었다
소속도 사라지고
직책도 내려놓았으니
배지 달 이유가 없다
사십 년 세월 함께한
반짝이던 눈빛의 배지
곁에 있을 땐 몰랐는데
살며시 어깨 아래 내려놓자
갑자기 세상이 가벼워졌다
낯선 일상이 주춤거리며
어색한 표정으로 다가왔다

학교 종소리

아이들 웃음소리 따라
땡그랑~땡 땡그랑~땡
탱자나무 울타리 넘던
팔분음표 맑은 종소리

시작과 끝을 알리며
교실 창가 울려 퍼지면
철봉도 낡은 미끄럼틀도
하늘 보며 기지개 켰는데

추풍령고개 작은 마을
퇴임하신 노老 선생님은
교문 앞 맴도는 그 소리에
여전히 가슴 설렌다고 하셨지

아이들 떠난 텅빈 운동장
떵그렁 땡~떵그렁 땡~
이젠 음정마저 잃어버린
사분음표 목쉰 종소리

백수 선언

너의 온몸 버거워지면
오장육부 모두 비워내라
이름 모를 열대어들이
쉬지 않고 헤엄치는 밤
뭉툭해진 네 송곳니로
더 이상 사냥 어려우리라
숲을 지나는 길은 험난했고
고단함은 지척으로 밀려왔다
성황당 해묵은 느티나무엔
여전히 눈 시린 별빛 내리고
지친 발길로 사립문 들어서면
뒤란 장독대에서 담아온
노모의 곰삭은 동치미 한 사발
이제 너의 백수를 허락하노라

혹시 저 아시겠어요?

저기 잠깐만요
혹시 저 아시겠어요?
왠지 안면 있는데요
음, 그래요 어디선가
우리 만난 적 있지요
서로 나눈 이야기며
그 일의 성사 여부가
어렴풋하긴 하지만요
어쩌면 또 만나자며
명함도 건넸겠지요
잘 모르겠다고요
기억나지 않는다고요
하긴 세월이 꽤 흘렀어요
저도 그 자리 비운 지
이미 오래 되었거든요

생수를 마시며

아침에
한라산 물 마시고
저녁에
백두산 물 마신다

어린 시절
학교 다녀오는 길
삼수네 물방앗간 지나
마을 휘감고 흐르던 개울

징검다리 건너다
돌다리 중간쯤 무릎 대고
양손 가득 퍼마시면
땀 젖은 등줄기 서늘해졌는데

밤이면 식구들 누운 멍석 위로
누이가 들려주던 봉이 김선달 이야기
강물 팔아먹은 대목에 배꼽 빠지게 웃었지
내가 물 사 먹을 줄 미처 모르고서

이장 移葬

부끄러운 속살 추슬러
등산로 묵은 묘지 사라졌다
터널 공사 알리는 현수막
찔레 덩굴 아프게 걸리더니
어느 날 흔적 없이 떠나갔다
며칠 전 손 없는 날 새벽
오래전 고향 떠난 후손들이
몰래 다녀갔다는 소문이 돌았다
달빛에 반짝이는 뼈마디들이
칠성판 누워 먼 길 떠나던 날
풀벌레들조차 숨소리 죽이고
온기 가신 붉은 흙더미 주위에서
부디 좋은 곳으로 가길 빌었단다
그해 음력 사월이 윤달이었다

월유정 月留亭

님이여, 제발
저 달빛 품지 마오

월유정月留亭 휘감아
그대 옷자락 잡는 밤

까치들 엮은 오작교도
일곱 아들 징검다리도

밤새 뜬눈으로
그대 오길 기다리는데

월유정月留亭 난간에
은밀한 속내로 걸린 달빛

님이여, 제발
저 달빛 정 주지 마오

2부

나답게 혹은
너답게 사는 세상

비둘기 날개에 대한 예언
네 팔자 상팔자
눈썹달
길냥이
정승과 개
산책길에서
이웃집 여자
운동회 신풍속도
이걸 어쩌나
강아지와 여자
사탕과 전단지
거울의 변명

비둘기 날개에 대한 예언

아파트 분리수거장에서
허기 채우는 비둘기들
먹다 버린 김밥 부스러기와
치킨 조각 앞에서 신경전이다
사람들에게 대범해진 탓에
인기척 따윈 안중에도 없다
가까이 다가가 손사래 쳐도
잠시 눈 돌리는 시늉만 한다
길바닥 널브러진 먹이에
입맛 길들이지 않았을 때
저들은 멋진 날갯짓으로
축제 마당 힘차게 날아 올랐다
어느 순간 구차한 먹이에 홀려
날지 못하고 뒤뚱거리는 몸짓
요즘엔 고층 아파트 창가를
꿈길에서나 겨우 엿본다는데

언젠가 황홀한 비상 접어야 할
저 아찔한 날개 어쩔거나

네 팔자 상팔자

네가 목줄 잡은 주인 손에
이끌려 다니던 시절이 있었다
동네 골목길 구경하다가도
당기는 목줄에 마지못해 딸려 갔다
세월이 변해 요즘은
네가 주인을 끌고 돌아다닌다
마음 놓고 킁킁 냄새도 맡고
뒷발 들어 곳곳에 영역표시도 한다
어쩌다 다급하게 엉덩이 쪼그리면
저만큼에서 주인이 금세 달려온다
하긴 삼복더위가 한창일 때
시골집 마당 길게 누워있으면
허리 굽은 욕쟁이 우리 할미는
찬물 한 바가지 뿌리며 소리쳤다
지랄, 네 팔자가 상팔자여

눈썹달

새벽이 되어서야
지친 눈썹달이
뒤란 숲으로 내려왔다
습습한 지붕 위에서
목매어 기다리던
하얀 박꽃이 반겼다
마음껏 울기 위해선
우선 허물을 벗어야 했다
내가 먼저 비워야
네가 가벼워진다기에
질펀한 속내 품어 안고
부랴부랴 따라 나섰다
고갯마루 서성이던 어스름이
갈길 멀다고 초저녁부터 야단이다

길냥이

아파트 환풍구 옆
잔디밭에 잠든 길냥이
주인 잘 만난 놈은
거실 양탄자에 누웠는데
이놈은 뒤웅박 팔자라
풀밭에서 노숙 중이다
누군가 짠한 마음에
치킨 한 조각 던져주었다
어쩌면 궁상떨 만도 한데
무슨 배짱인지 의기양양하다
치킨 먹고 콜라 마시고
풀밭에 편히 누웠으니
길냥이 신세 이만하면 족하오
으쓱이는 수염 한 자락
가을 햇살에 반짝인다

정승과 개

정승 집 개가 죽었다
동네방네 문상객들이 몰려왔다
갑자기 무슨 일이래요
정말 안 됐어요
슬픔을 함께 나눠요
무덤덤한 정승의 손잡고
너나없이 마음 아파했다
얼마 후 정승이 죽었다
상갓집 마당이 조용했다
북적이던 발길이 뚝 끊어졌다
간혹 사람들이 대문 앞 지나며
들릴 듯 말 듯 중얼거렸다
그러게, 정승이 죽었디야

산책길에서

공원 돌아오는 길
공터에서 신나게
배드민턴 치는 부부
잘못 휘두른 라켓에
멀찍이 벗어난 셔틀콕이
아내 발밑에 떨어졌다
할머니 셔틀콕 좀 던져주세요
순간 힐끗 쏘아보는 아내
못 들은 척 그냥 지나친다
윙윙거리며 아내 귓가에
끝없이 맴도는 소리
나 보고 할머니라고
내가 정말?

이웃집 여자

엘리베이터 안에서
마주한 이웃집 여자
어색한 인사 나누고
엉거주춤 함께 머무는
좁은 공간의 동행
엄지손톱 닮은 버튼이
구세주이듯 눈 깜박이면
서둘러 내리는 여자
엘리베이터 문이 닫히고
그제야 어렴풋이 떠오르는
이웃집 여자의 모습
윤기 나는 하얀 털에
크고 순박한 눈동자
반쯤 내민 작은 혓바닥
맞다, 분명 그녀는
앙증맞은 말티즈였다

운동회 신풍속도

　추석 지나 사흘째 되는 날이다. 학교 운동장에 만국기가 펄럭인다. 온 동네가 떠나가도록 흥겨운 풍악 소리 울려 퍼진다. 운동장 주위 알록달록 늘어선 천막. 마을 한 바퀴 돌아온 풍물패가 신나게 분위기 달군다. 느티나무 아래 커다란 가마솥에선 새벽부터 돼지국밥이 끓어 넘친다. 신나게 윷도 던지고 투호 놀이도 한다. 경쾌한 반주에 맞춰 흔드는 에어로빅의 물결. 아픈 허리 아랑곳없이 바구니를 향해 콩 주머니 던진다. 한참이나 지난 심판의 호각 소리는 귓전 밖이다. 명절 뒤풀이 겸 동네잔치에 모두가 신났다.

　그런데 조회대 옆 천막에 교장 선생님 대신 면장님이 앉아 있다. 까맣게 그을린 아이들과 선생님은 보이지 않고 영농후계자와 동네 이장님만 보인다. 그리고 보니 운동장 가득 모인 사람들이 경로당 어르신들이다. 마을에 아이 울음 멈춘 지 이미 오래되었다. 칠십 어르신들이 아픈 무릎 추스르며 운동장 내달린다. 여름내 복지

관에서 배운 재롱 춤도 춘다. 얼큰한 국밥에 막걸리 한 사발 들이켜면 가을 해가 성큼 기운다. 경품 추첨이 끝나고 가래 끓는 소리로 만세삼창한다. 어르신들 오래 사세요. 면장님 일장 연설이 끝났다. 아이들 없는 어르신들의 가을 운동회가 막을 내렸다.

이걸 어쩌나

강원도하고도
푸른 동해 바닷가
애견 전용 해수욕장
문 열었는데요
입장료가 달라요
개는 일 만 원
사람은 팔천 원
매표소 앞에서
이천 원 거슬러 받아
돌아서며 하는 말
어허, 개만도 못하네
이걸 어쩌나

강아지와 여자

목줄 잡은 여자가
강아지를 끌고 간다
목줄 맨 강아지가
여자를 끌고 간다
예전에 아들 손잡고
골목길 돌아 나오면
사람들이 수군거렸다
애비하고 꼭 닮았네
아녀 아들이 더 낫지
강아지가 킁킁거리며
여자와 눈빛 나눌 때
사람들이 중얼거렸다
여자와 강아지가 닮았네
무슨 소리 개가 더 낫지

사탕과 전단지

공원 산책길에
한 여자가 다가와
전단지 내밀며 속삭인다
하느님 귀한 말씀
꼭 읽어 보세요
그냥 지나치는데
옆에 있던 여자가
한마디 거든다
사탕도 들었어요
못 이기는 척 받은
교회 알리는 전단지
사탕 한 알의 달콤함이
금세 혀끝 전해지는데
하느님 거룩한 말씀은
도통 떠오르지 않는다

거울의 변명

한 시대의 흐름을
명징하게 비치지도
도도한 역사의 물결을
뜨겁게 끌어안지도 못했소
그저 외로운 여자의
가녀린 손가락 사이에서
붉은 입술만 더듬었소
지금은 어둠 내린
분리수거장 한구석
빗장 길게 긋고 누웠소
초라한 모습 감추려고
비둘기 한 쌍의 사랑 놀음
멀찍이 품어보는 중이오

3부

봄날에 부치는
민들레 사연

놀이터에서
제가 좀 바쁘거든요
매미 소리
그녀가 걷는다
우암산 연가
봄밤, 찔레꽃
당면에 빠진 여자
민들레 편지
별이 된 그녀
갑사甲寺
청보리밭에서
아, BTS 방탄소년단

놀이터에서

다섯 살배기 손자
어린이집 가고 나면
한가해지는 아파트 놀이터

그네가 바람에 흔들리고
꾸벅꾸벅 시소가 졸고 있고
미끄럼틀 저 혼자 심심하다

어린 시절 내 놀이터는
마을 내려다보는 뒷동산과
감꽃 하얗게 지던 골목이었다

슬그머니 빈 그네 밀어 본다
한쪽으로 기운 시소도 타보고
앙증맞은 미끄럼틀에도 앉아본다

살며시 고개 내민 생강나무 꽃망울
차가운 봄바람에 실눈 뜨는데
손자 돌아오려면 아직 멀었다

제가 좀 바쁘거든요

다섯 살 손자 녀석
전화 통화하는데
어린이집 잘 다녀왔냐?
그럼요
점심은 많이 먹었고?
그럼요
어항의 물고기는 별일 없지?
그럼요
자꾸 늘어나는 내 궁금증에
녀석은 점점 심드렁해지는데
한참 만에 귓가 울리는 말
할아버지, 저 이만 끊어요
게임 때문에 제가 좀 바쁘거든요

매미 소리

기실 사건의 단초는
다섯 살 손자 놈 때문이여
다짜고짜 매미 잡아달라는
괜한 골부림이었으니까
예전 시골에서와는 달리
매미 잡는 게 쉽지 않았어
우여곡절 끝에 한 마리 잡았는데
그 참, 반나절도 안 돼
이놈이 그만 심드렁해진 거여
결국 매미를 놓아주었는데
여기서 문제가 생긴 것이여
굴참나무로 날아간 매미가
내 귓속에 지워지지 않는
소리 한 소절 심어 놓은 것이여
씨롱씨롱 씨르르르
씨롱씨롱 씨르르르

참고 참았던 울음 한 마디
귓속 깊숙이 새겨 놓은 것이여

그녀가 걷는다

그녀가 걷는다
쉬지 않고 걷는다
하루 종일 걷는다
걷다가 잠시 멈추면
발바닥이 근질거린다
잔뿌리가 돋기 때문이다
발바닥 내린 잔뿌리들은
동네 입구 해묵은 느티나무
멍울진 응어리로 불거진다
밤마다 그녀 어머니는
호롱불 아래 날 선 가위로
발바닥 내린 잔뿌리 잘랐다
이젠 어둠 깊숙이 내려와
굵은 뿌리로 누운 어머니
운명이듯 고샅길 지키고 있다
그녀가 다시 걷는다

잔뿌리 내리기 전에
그녀가 서둘러 걷는다

우암산 연가

가끔은 허리 유연한 우암산도
밤새 보듬은 산자락 내려놓고
굴참나무 등걸 기대고 싶더란 말이지

봄날 온 산에 산벚꽃 흩날리면
간드러진 연초록 바람 품에 안고
한바탕 뒹굴고도 싶더란 말이지

새벽안개 어김없이 피어오르면
산길 오르는 억센 사내 숨소리에 홀려
하얀 목덜미라도 내보이고 싶더란 말이지

그저 이름 모를 풀꽃이나 쓰다듬고
기약 없는 무심한 바람이나 다독이며
마냥 그렇게 살 수만은 없더란 말이지

봄밤, 찔레꽃

새파란 달빛이
꽃잎에 내려왔어
아마 오월하고도
보름쯤이었을 거야
이제 막 눈뜬 꽃잎
설렘으로 넘쳐났지
달님이 말했어
"곱다, 정말 고와"
찔레 꽃잎이 세상 내려와
처음 듣는 말이었어
자작나무 그림자 걸린
황홀한 밤이었어

당면에 빠진 여자

뜨거운 설렁탕 국물에
쫄깃한 당면을 씹으며
그녀는 한 남자를 떠올린다

이쯤에서 같이 살아볼까
잘 익은 김장 깍두기가
어금니 상큼하게 스민다

설렁탕을 먹은 날 새벽
낮게 밀려온 그믐달 보며
다시 한 남자를 떠올린다

이제 그만 접을까 봐
오랜 세월 반복해온
마른 입술의 실없는 넋두리

희미하게 돌아누운 달빛 아래
불어터진 당면에 빠진 그녀의
어설픈 사랑이 또 문드러진다

민들레 편지

안부라고 하기엔
좀 쑥스럽지만요
마음 일렁이는 봄날엔
뭐라도 한 줄 적어 보내야겠어요

혹여 서운했더라도
하늘 날던 홀씨의 기억으로
아픈 생채기 보듬어 주세요
좋은 시절도 있었다고요

길가 차가운 땅 한 자락
운명이듯 인고의 뿌리내리면
돌아온다고 손가락 건 그대
어디쯤에 내 모습 떠올리나요

가물거리는 아지랑이 따라
젖은 눈가 그리움 밀려오는데
이젠 안부조차 멀어진 밭둑에서
뭐라도 한 줄 적어 보내야겠어요

별이 된 그녀

젊은 시절 그녀가
눈빛 반짝이며 물었다
별을 따다 줄 수 있나요

얼마의 시간 지나
그녀가 다시 물었다
별에 데려다 줄 수 있나요

숲속에 머문 별들이
얼마나 먼 곳에서 왔는지
그녀는 미처 몰랐다

하늘의 별 대신
올망졸망한 아이들 어깨가
그녀 곁에 함께했다

아이들 맑은 웃음소리가
든든한 울타리 되었을 때
그녀는 마침내 별이 되었다

갑사 甲寺

계룡산 갑사 들어서면
대웅전 돌아 나온 바람이
단아한 처마 끝 풍경 울리며
'어허, 단풍 참 곱다'

골 깊은 산자락마다
청아한 스님 염불 소리
빈 가지 걸려 맴돌아도
'봐라, 세상 참 눈부시다'

오랜 기억 떠올린 새는
속세의 못다 한 그리움에
머나먼 억겁 정토淨土 꿈꾸며
밤늦도록 따닥따닥 고목 쪼는데

도솔천 어디쯤 그대 기다릴거나
관음봉 넘어가는 햇살 한 자락에
부처님 입꼬리 슬며시 올라간다

청보리밭에서 -박희선 시인을 기리며

매화골에 봄이 오면
겨울 눈밭에 숨어있던
청보리 실눈 뜬다
지난 가을 박 시인이
아내 몰래 묻어 두었던
겉보리 한 바가지
산기슭 고라니 영감 댁
어린 손자 배고플까 봐
소나무 등걸 세 들어 사는
할미새 손 시릴까 봐
몇 고랑 더 넉넉히 심었다
푸른 물결 찰랑거리면
종다리 소리 그리울 거야
오릿골 곤줄박이 총각도
괘방령 산비둘기 아줌마도
익숙한 그의 발소리 들으려고
밭이랑에서 쫑긋 귀 세운다

아, BTS 방탄소년단

뜨거운 한류열풍으로
지구촌 달구는 BTS방탄소년단
온갖 분야의 상을 휩쓸며
연신 기네스북 경신하는데
노 모어 드림No More Dream도
다이너마이트Dynamite도
버터Butter마저도
솔직히 내겐 너무 낯설다
그들의 노래에는
서울로 간 섬마을 선생님도
그리움 달래는 동백 아가씨도 없다
유달산 아래 노 젓는 뱃사공도
코스모스 핀 고향역도 없다
오늘도 세계를 열광시키는
자랑스러운 BTS방탄소년단
하지만 내겐 너무 먼 그대들이여

4부

어머니, 영원한
나의 어머니

봄이 가네
어머니와 지팡이
우문현답
민들레 요양원
봄날의 기억
상추와 성경책
엄마가 안 보이네
밥심
엄마와 술래잡기
어머니의 방
제삿밥
딴 세상 이야기

봄이 가네

토옥,
거실 화분 아래로
춘란春蘭 꽃잎 떨어진다

때가 되니
깊은 향기도
고운 자태도 속절없다

큼직한 목단 꽃잎 수놓은
어머니 손때 묻은 치마
여전히 벽에 걸려 있건만

토옥,
춘란春蘭 꽃잎 사이로
여든아홉 봄이 간다

어머니와 지팡이

현관문 여는 인기척에
화들짝 놀라는 지팡이
어머니 오시는가 보다
서둘러 마중 나가려다
어, 발소리가 아니네
다시 제자리 돌아오고
첫눈 오는 날 구급차로
요양병원 가신 어머니
늘 함께하던 지팡이에게
사나흘이면 돌아온다 했는데
보름 가고 한 달 가고
꽃놀이 가자던 봄이 지나도
아직도 감감 무소식이다
오늘도 현관문 입구에서
애타게 기다리는 지팡이

우문현답

이제 가유?
그려
잘 다녀 오슈
알았네

구순九旬 어머니
노치원老稚園 가는 길
무뚝뚝한 아들과
하루를 여는 인사

잘 다녀 오셨슈?
그려
저녁 식사는유?
먹고 왔지

구순九旬 어머니와
칠순 아들이
하루를 매달아 거는
맨날 똑같은 안부

***노치원(老稚園)** 어르신 주간보호 시설

민들레 요양원

어매요, 봄날
우리 꽃구경 가유
아들놈이 자동차 뒷자리에
화사한 방석 깔았다
하긴 바깥나들이 한 게
꽤나 오래 되었어
화장실 가다 넘어져
두 달째 꼼짝 못 했으니까
어매 얼굴 물들인 저승꽃
사방으로 피어오른다
헌데 아들아,
꽃구경 가는 길이
왜 이리도 멀다냐
낯선 동네 지나고
굽은 오솔길 접어드니
머리가 온통 어지럽다야
어매요, 다 왔어유

민들레 요양원이유
야트막한 건물 입구에
노란 민들레가 지천이다
꽃구경 막 시작하려는데
저만치 아들놈이 외친다
어매요, 저 먼저 가유
이다음 좋은 봄날
진짜 우리 꽃구경 가유

봄날의 기억

화창한 봄 햇살이
어머니 품에 안겼다
먼 길 떠날 채비에
귀만 열어놓으신 어머니
남아있는 체온으로
하느님 말씀 새긴다
삼일 낮의 기도와
삼일 밤의 축원이
모두를 평온케 했다
간절함이 모아져
거룩한 눈빛에 닿으면
열여섯 산골 소녀의
가뿐한 발길 보리라
이팝나무 하얀 꽃잎이
하염없이 흩날린다고

너무 슬퍼하지 마라
어느 봄날 잠시 스친
아름다운 인연이었나니

상추와 성경책

목사님이
손때 묻은 성경책을
텃밭에 내던졌다
하느님 말씀 사이로
거름 냄새가 파고들었다
몇몇 거룩한 말씀들은
목마른 지렁이들과 어울렸다
누군가 예배당 입구에서
텃밭 뒹구는 성경책을 보고
놀란 목소리로 외쳤지만
목사님은 그저 빙긋이 웃었다
하느님 소중한 말씀이니
세상 잘 보이는 곳에 둡시다
바람도 지나다 넘겨보고
풀벌레도 잠시 쉬어 가겠지요
머지않아 울타리 아래 봄이 오면

파랗게 움트는 상추 싹들 좀 봐요
소중한 하느님 말씀이
텃밭에서 싱싱하게 부활하네요

엄마가 안 보이네

안방 둘러보고
건넛방 지나쳐도
어, 엄마가 안 보이네

마당 내려서고
사립문 열어봐도
어, 엄마가 안 보이네

동구 밖 내달리고
고갯마루 올라서도
어, 엄마가 안 보이네

손 내밀면 닿았는데
눈길 주면 보였는데
어디로 갔나 우리 엄마

밥심

이팝나무 가지
등불 환히 내걸면
먼 길 떠나신 어머니

너희들 어릴 때는
하얀 쌀밥 한 솥 짓는 게
내 평생소원이었어야

청솔가지 매운 연기
눈물로 부엌 돌아 나오면
뜸 들이는 솥뚜껑 밥물 넘쳐나고

밥 많이 먹으래이
그래도 밥심이 최고여
아직도 귓가 쟁쟁히 울리는데

봄날 이팝나무 아래에서
모락모락 하얀 쌀밥 지으며
살며시 웃으시는 어머니

엄마와 술래잡기

장독대에 숨어도
금방 다 알아요
질끈 묶은 수건 너머
뒷머리 살짝 보이거든요

대문 뒤에 숨어도
아무 소용없어요
키 자란 접시꽃 사이
치맛자락 얼핏 보여요

동네 입구 빨래터
아줌마들 사이 숨어도
반지르르 닳은 고무신
엄마인 줄 금방 알아요

눈 감아도 보이고
발소리 멀어도 알았는데
오늘은 구름밭 숨은 엄마
아무리 찾아도 안 보이네요

어머니의 방

그 방은 비어 있다
비어 있는 방이지만
누군가 살고 있다
방문이 열려있고
머리맡에 성경책과
돋보기안경이 보인다
손때 묻은 반짇고리엔
귀먹은 굵은 바늘과
눈먼 실타래가 졸고 있다
어머니는 새벽마다
찬송가 한 구절을 쓰고
자식들을 위해 기도를 한다
아직은 밖이 어두운 시간
어머니는 빠진 머리카락을
조심스레 손바닥으로 모은다

정갈한 하루의 시작이다
그 방은 비어 있지만
여전히 방문이 열려있고
낯익은 그림자가 아른거린다

제삿밥

낳아주신 것만도
고마운데요
길러주신 것만도
감사한데요
제삿밥 한 그릇
수저 올려놓으면
손 안 대고 하시는 말씀
얘야, 배부르다
먼 저승에서도
너만 바라보면
안 먹어도 배부르다

딴 세상 이야기

사십 년 만에
당신 곁으로 가요
감잎 널브러진 뜨락
빗자루 질이나 해 놔요
나야 자식들 덕분에
분에 넘치게 호강했지요
기분 나쁠지 몰라도
당신보다 더 유식해졌어요
그간 눈으로 보고
귀로 들은 게 꽤나 많거든요
오늘은 모처럼 큰맘 먹고
당신 좋아하는 소주 한 병 샀어요
그간 혼자서 듣던 풀벌레 소리
이제 같이 어깨 기대고 들어 봐요
별빛 내린 봉분 앞에서
아버지와 어머니 주고받는 말
선잠 깬 새벽 얼핏 엿들은
이억 만 리 딴 세상 이야기

5부

덤으로
살아가는 인생

열두 첩 반상
아내와 장모님
영수증
돌탑
만유인력
문의, 가을 한나절
황매화 피거들랑
떠돌이 바람의 약속
배나무밭과 오솔길
영공 통행세
크리스마스트리
장군과 어머니

열두 첩 반상

개펄 묻어온 참꼬막에
눈밭에서 캔 냉이 무치며
아내가 중얼거리는 말
이건 큰놈 좋아하는 반찬인데

등갈비 양념에 졸이고
양파 부침 곁들이며
아내가 하는 혼잣말
이건 작은놈 좋아하는 반찬인데

상큼한 매실장아찌에
꽈리고추 달달 볶아내며
아내 콧등 찡해지는 말
이건 시집간 딸이 좋아하던 반찬인데

열두 첩 밥상 차린 식탁에서
그 마음 아는지 모르는지
희희낙락 바쁘게 젓가락질하는
쯧쯧, 저 눈치 없는 화상이여

아내와 장모님

아내에겐 미안하지만
장모님에 대한 기억은
여전히 가물가물하다

그분 세상 떠나신 지
꽤나 오래된 망각의 시간
이런저런 핑계로 접어두었다

새해가 되면 아내는 달력에
어김없이 동그라미 표시하지만
그 또한 예삿날로 지나가곤 했다

장모님 모습 희미해지던 날
저만치 거울에 비친 아내 얼굴
앗, 아내가 장모님을 닮아간다

영수증

너의 진실을
믿어야 한다
소수점 두 자리의
솔직한 고백
한 치의 의혹도
허용해선 안 된다
화려했던 지난밤은
깨끗이 잊어 버려라
널 겨냥한 올가미
여전히 걸려 있다
궁상떨 일 없이
딱 맞게 떨어진 아귀
어쩌면 이번 일은
잘될 것 같다

돌탑

엄청난 물 폭탄이
마을을 집어삼켰다
집이 무너지고
도로가 끊겼다
사람들은 부랴부랴
마을회관으로 피신했다
이제 막 여문 벼 이삭 위로
돌들이 사방 나뒹굴고
밭두렁 콩 포기들이
온통 진흙을 뒤집어썼다
비가 그치자 사람들이
하나둘 집으로 돌아왔다
폐허가 된 동네 입구에서
모두 입을 다물었다
그때 누군가 돌을 모아
작은 탑을 쌓기 시작했다
쓰러진 벼 이삭도

진흙투성이 콩 포기도
그대로 둔 채였다
그 후로 지금까지
마을에 물난리가 없었다

만유인력

밥 먹다가
거실 바닥에 멀쩡하게
젓가락 하나 떨어뜨린다

처음 한두 번은
실수려니 여겼는데
곰곰 생각하니 그게 아니다

아무런 이유 없이
우주 궤도를 벗어난
사과 한 알의 운명

나뒹구는 젓가락과
땅에 떨어진 사과 사이
적당한 눈빛의 연민

그랬다, 주위 여자들이
하나둘 돌아선 것도
어쩌면 그때쯤이었다

문의, 가을 한나절

늙은 대장장이가
식칼 한 자루 건넨다
둘둘 말은 헌 신문지 위로
파랗게 벼린 칼날의 촉감
사내는 아무 일 없다는 듯
인적 드문 강가로 향한다
고즈넉한 시간에 잠긴 마을
입술 지그시 다문 사내가
날렵한 솜씨로 칼을 휘두른다
강물 위로 솟구치는 뜨거운 피
순간 사내의 정수리 스치는
요양원 노모의 간절한 당부
애야, 칼은 이제 그만 내려놓거라
팔순 노모의 마지막 당부가
밀폐된 창문 틈으로 어긋난다
더운 김 가시지 않은 식칼

신문지에 말아 돌아서는 사내
가쁜 숨 고르며 퍼덕이는
문의, 가을 한나절

황매화 피거들랑

형제봉 맴돌던 설렘이
갑사 입구까지 내려오면
오솔길은 새로운 단장을 하지

누군들 사방으로 귀 열면
안타까운 사연 하나쯤 있으련만
풍문은 끝내 속울음으로 녹아내렸지

하긴 매서운 겨울바람이
골짜기 감아 돈 게 언제였던가
얼어붙은 개울조차 생각 깊었으니

부질없이 지나친 발길
그대 행여나 기억한다면
올봄 황매화 핀 소식 전해주시게

떠돌이 바람의 약속

떠돌이 바람의
부질없는 어설픈 약속
애초 믿은 게 잘못이었어

달밭 골짜기 묵정밭
개망초꽃 흐드러지게 피면
스치는 발길마다 설레었는데

새벽달 산마루 넘기 전
다시 돌아온다던 맹세에 홀려
긴긴밤 애태우며 동구 밖 서성였지

세월지나 살며시 뒤돌아보니
떠돌이 바람은 오솔길 한 켠에
덩그러니 빈손으로 걸려 있었어

배나무밭과 오솔길

청남대 배나무밭에서
환하게 웃는 전직 대통령
이웃집 할아버지 닮은 모습에
배나무 가지마다 눈빛 짠하다
야트막한 과수원 울타리 따라
새로 생긴 호젓한 길 한 자락
그가 미처 못 가본 길이다
나는 배나무밭 갈 수 없었고
그는 새 오솔길 걷지 못했기에
눈빛 마주한 공간 어디쯤에 남긴
애틋한 사연 한 줄도 없다
그의 흔적 남은 배나무밭에
고즈넉이 걸린 작은 오솔길

영공 통행세

우리 비행기
하늘 날아오르면
일본에 통행세 낸다
태평양 건너고
대서양 지나는 길
엉뚱한 나라에
비싼 통행료 낸다
같은 핏줄 사는
가까운 길 코앞에 두고
멀리 돌아가야 한다
비행기 탈 때마다
속이 쓰리다
둘로 갈라진 민족의
슬픈 자화상이다

크리스마스트리

성탄절 앞두고
아내는 지난해 넣어둔
크리스마스트리를 꺼낸다
오색 전등 줄도 감고
별과 달도 매단다
산타 인형도 걸고
황금종도 준비한다
멋진 크리스마스를 위한
아내 손길이 바쁘다
내일모레 성탄절에
누가 오려나 기다리지만
금세 어두워진 거리엔
차가운 바람만 스쳐간다
인기척 없는 트리 앞에서
아내 눈시울이 붉어진다
끝내 불 켜지 못한 트리를

물끄러미 바라보던 아내
상자에 넣으며 내년을 기약한다

장군과 어머니

아들이
이마에 별을 달자
어머니는
장군의 어머니가 되었다
시골 학교 교문 위에도
동네 감나무 가지에도
좁은 골목길 담장에도
장군의 이름이 펄럭였다
사람들이 이구동성으로
축하의 인사를 건넸다
하지만 장군의 어머니는
조금도 변한 게 없었다.
별은 아들의 이마 위에서
눈부시게 빛났지만
장군 어머니 굽은 허리는
여전히 밭고랑에 매어 있었다

5부 덤으로 살아가는 인생

해설

그리움으로 길어 올린
서정의 세계

그리움으로 길어 올린 서정의 세계

이종대(시인)

  박천호 시인의 세 번째 시집 『강아지풀을 뜯으며』의 해설 「마른 세상을 향한 긴장과 그리움」에서 김석환 교수는 '이 시집 속에 흐르고 있는 정서는 한 마디로 그리움이다. 그 그리움이란 곧 단절을 허물고 고독에서 벗어나려는 정신작용이다. 박 시인은 늘 어떤 대상의 부재와 단절을 인식하고, 대상과 하나가 되려는 간절한 그리움의 노래를 부르고 있다.'라고 했다.
  필자는 박 시인에 대한 김 교수의 이러한 평가에 동의한다. 박 시인의 첫 번째 시집인 『이별 없는 이별』부터 이번에 발간하는 시집 『민들레 편지』까지 공통적으로 흐르고 있는 대표적 정서는 '그리움'이라고 해도 될 것이다.

  양복 옷깃에 달았던
  직장 배지를 떼었다
  소속도 사라지고
  직책도 내려놓았으니
  배지 달 이유가 없다
  사십 년 세월 함께한

반짝이던 눈빛의 배지
곁에 있을 땐 몰랐는데
살며시 어깨 아래 내려놓자
갑자기 세상이 가벼워졌다
낯선 일상이 주춤거리며
어색한 표정으로 다가왔다
　　　-「배지를 떼어내며」전문

박 시인은 교육대학을 졸업하고, 사십여 년 간 교직에 봉직하다가 영동교육지원청 교육장으로 퇴임하였다. 실로 긴 세월을 학생들 가르치는 일에 전념했다. 그러던 그가 정년을 맞아 양복 옷깃에 달았던 배지를 떼어냈다. 그 짧은 순간에 얼마나 많은 추억이 그의 뇌리를 스쳐 지나갔을까?

고향인 영동의 용화초등학교에서 평교사로 시작한 교직 생활은 보람차고 즐겁기도 했겠지만, 어려움도 많았을 것이다. 그리고 많은 시간이 지나 교감이나 교장, 교육장으로 근무하면서 교육 현장의 어려움에 맞닥뜨리며 얼마나 애를 태웠을까? 이런 상념들이 배지를 떼어내는 순간에 주마등처럼 지나갔으리라.

그 배지는 무려 40여 년을 함께 했던 교직 생활의 상징이었다. 배지를 내려놓자 자연인으로 돌아온 박천호 시인에게 그제야 '세상이 갑자기 가벼워졌다.'

그리고 그때까지는 생각하지도 못했던 '낯선 일상이 주춤거리며 어색한 표정으로 다가왔다.'

민들레가 모른 체한다
달맞이꽃이 돌아앉았다
짐짓 헛기침해보지만
주위 아무런 기척 없다
일부러 발소리 내봐도
누구도 아는 체 않는다
볼을 꼬집어보니 아프다
아픈 걸 보니 생시인데
낯선 저녁 풍경 속에
덩그러니 나 홀로 서 있다
집으로 가던 개미 한 마리
잠시 더듬이 기웃거리더니
별일 아니라는 듯
그냥 제 갈 길로 간다
　　　　- 「저녁 풍경」 전문

자연인으로서 박 시인의 퇴직 후의 일상을 형상화한 시이다. 정들었던 교단을 떠나고 보니 어느덧 이순이 넘은 나이가 되었다. 하루로 치면 저녁때가 된 것이다. 그 저녁에 시인은 주위를 둘러본다. 그런데 평소 애정을 쏟고 바라보던 민들레도 달맞이꽃도 시인을 돌아보지 않는다. 헛기침도 내보고, 발소리도 내보지만 누구도 아는 체하지 않는 현실에 시인은 고독을 느낀다. 덩그러니 나 홀로 서 있는 것만 같은 느낌은 시인을 더욱 외롭게 만든다.

이제 주변엔 그토록 정을 쏟았던 제자들도, 동고동락을 같이했던 선생님도 모두 떠난 것 같이 느껴진다. 그런데 시인 자신은 고독에 빠져 심각한데, 남들은 그저 그러려니 하고 관심을 두지 않는다. '개미 한 마리가 잠시 더듬이를 기웃거리더니 별일 아니라는 듯 제 갈 길로 간다.' 내가 속했던 세상에서 한 발만 물러서면 차갑고도 매몰찬 세상이 기다리고 있다는 것을 시인은 뼈저리게 실감하는 것이다.

현대시의 경우 우리는 시인과 서정적 자아(시 속에서 말하는 사람이란 뜻으로 '시적 화자' 또는 '시적 자아' 등으로 쓰이기도 함)가 일치하는 경우도 있고 그렇지 않은 경우도 있다는 것을 잘 알고 있다. 이 시 「저녁 풍경」은 앞서 제시한 「배지를 떼어내며」에서와 같이 시인과 서정적 자아가 일치한다고 보여진다. 그만큼 박 시인에게 있어서 퇴직 후의 현실은 미처 예감하지 못한 절실한 문제였던 것으로 읽혀진다.

안방 둘러보고
건넛방 지나쳐도
어, 엄마가 안보이네

마당 내려서고
사립문 열어봐도
어, 엄마가 안보이네

동구 밖 내달리고
고갯마루 올라서도
어, 엄마가 안보이네

손 내밀면 닿았는데
눈길 주면 보였는데
어디로 갔나 우리 엄마
- 「엄마가 안보이네」전문

　박 시인은 교직 생활을 마감하고 한편으로는 홀가분한 마음이었다. 정들었던 교단이었지만 막상 떠나보니 어깨를 짓누르던 책임감에서 일단 해방될 수 있었기 때문이다. 그런데 세상은 그리 녹록지 않았다. 불쑥불쑥 찾아오는 고독감에서 학교에 대한 그리움은 어쩔 수 없다고 해도, 갑자기 찾아온 건강

문제는 극복해야만 할 난제였다.

　그러는 사이 연로하신 어머니께서 세상을 뜨셨다. 언제까지나 곁에서 자식들을 지켜주시던 어머니가 먼 길을 떠나신 거였다.

　안방을 둘러보고, 건넛방을 지나쳐도 어머니는 보이지 않았다. 마당에 내려서 찾아보고 사립문을 열고 나가 동구 밖을 내달아 고갯마루에 올라서도 어머니는 영영 보이지 않았다. 영원한 이별을 한 거였다. '손만 내밀면 어머니의 손길이 닿을 것만 같은데, 눈길만 주면 어머니는 그 다정한 얼굴을 보여주셨는데' 이제는 그예 돌아오시지 못할 머나먼 길로 떠나신 것이다. '어디로 갔나 우리 엄마' 박 시인은 어머니가 그리워 목 놓아 소리치지만 어머니는 끝내 대답이 없으시다.

　낳아주신 것만도
　고마운데요
　길러주신 것만도
　감사한데요
　제삿밥 한 그릇
　수저 올려놓으면
　손 안 대고 하시는 말씀

얘야, 배부르다
먼 저승에서도
너만 바라보면
안 먹어도 배부르다
　　　-「제삿밥」전문

　어머니에 대한 간절한 그리움은 효심으로 승화된다. 어머니의 제삿날에 박 시인은 어머니 영전 앞에 제삿밥 한 그릇을 정성스레 올린다. 그리고 수저를 올려놓는다.
　그런데 어머니가 제삿밥을 드시지 않는다. 그러면서 '배부르다'라고 말씀하신다. 이어서 '너만 바라보면 안 먹어도 배부르다' 하신다. 어렵고 힘든 시절을 견디며 어머니는 아들을 돌보셨다. 그리고 그 아들이 선생님이 되어 다른 사람의 존경을 받더니, 마침내 교육장이라는 자리까지 올랐다. 어머니는 그 아들이 자랑스러운 것이다. 그리고 저승에서 그 사랑스런 아들이 차려주는 제사상을 받으며 드시지 않아도 '배부르다'라고 말하는 것이다.

　박 시인의 첫 번째 시집 『이별없는 이별』의 작품 해설 「황학산 산기슭 박선생 싸리꽃」이란 글에서 김승환 교수는 '바로 이 지점, 고향이라는 공간이자 원심력인 그 지점에 시적 자아의 시선은 꽂아 박힌다. 바로 그것, 고향에 대한 무한한 그리움인

그것이야말로 박천호 선생을 시인이도록 하는 거멀못'이라고 하였다.

한편 박 시인의 또 다른 시집 『박새 부부의 사랑이야기』에 대한 시인 자신의 산문 「고향, 그리움과 낯설음의 징검다리」라는 글에서 '내 시의 원천은 고향에서 출발한다. 내 뼈와 살이 자라고 여문 고향집 툇마루와 마당에서 바라보던 냇가의 맑은 물빛을 기억한다.'라고 말했다.

또 같은 책 '내 시의 종착역'이란 부분에서는 '영원히 변하지 않는 것은 내 삶과 시의 출발점이자 종착역은 결국 고향이라는 사실이다'라고 말하기도 하였다.

이처럼 고향은 박 시인에게 시의 원천이면서 처음이고 끝이라고 할 수 있다.

님이여, 제발
저 달빛 품지 마오

월유정月留亭 휘감아
그대 옷자락 잡는 밤

까치들 엮은 오작교도
일곱 아들 징검다리도

밤새 뜬 눈으로
그대 오길 기다리는데

월유정月留亭 난간에
은밀한 속내로 걸린 달빛

님이여, 제발
저 달빛 정 주지 마오
　　　-「월유정月留亭」

　월유봉은 영동군 황간면 원촌리에 있는 봉우리이다. 한천 팔경의 제1경으로 알려져 있다. 월유봉의 높이는 400여 미터로 깎아지른 절벽산이다. 월유봉 아래로는 물 맑은 초강천 상류가 휘감아 흘러 아름다운 풍경을 이룬다. 달이 머물다 가는 봉우리라는 뜻의 월유봉은 그 이름처럼 달밤의 풍경이 유난히 아름답다고 전한다.
　박 시인이 퇴직한 뒤, 어느 가을날이었다. 평소 시를 통해 가깝게 지내던 시인 두 분과 필자는 박 시인과 함께 청주를 떠나 박 시인의 고향인 영동을 찾았다.
　그리운 고향 영동을 향하는 동안 박 시인은 내내 설레는 마음을 숨기지 않았다. 마침내 우리 일행은 월유봉 기슭에 있는 월유정을 가까이에서 바라볼 수 있게 되었다. 때마침 낙엽이

지는 때라 월유봉은 그야말로 절경이었다.

  그때 우리 일행은 월유정을 소재로 각자 한 편의 시를 짓기로 했다. 위 시는 바로 그때의 약속으로 창작된 것으로 보인다.

  박 시인의 고향에 대한 끝없는 사랑은 고향 산천의 풍경에 대한 사랑이기도 했다. 시인은 달이 머물다 가는 아름다운 월유봉을 생각하며 위와 같은 시를 남겼다.

  월유정 난간에 은밀한 속내로 다가온 달빛이 너무나 아름다워 시적 자아는 님에게 '제발 저 달빛을 품지 말라'고 당부한다. 월유정 달빛을 바라보는 연인이 달빛에 취해 돌아올 집도 가족도 잊어버릴 것이 두려운 것이다. 그래서 다시 한번 시의 말미에서 월유정 달빛에게 정을 주지 말라고 애원한다. 그만큼 고향의 산천에 대한 박 시인의 애정은 구구절절 변함이 없다.

  새파란 달빛이
  꽃잎에 내려왔어
  아마 오월하고도
  보름쯤이었을 거야
  이제 막 눈뜬 꽃잎

설렘으로 넘쳐났지
달님이 말했어
"곱다, 정말 고와"
찔레 꽃잎이 세상 내려와
처음 듣는 말이었어
자작나무 그림자 걸린
황홀한 밤이었어
　　　　-「봄밤, 찔레꽃」전문

　박 시인의 다른 시집 『그들은 새를 보지 못했다』의 발문 「시를 읽으며 따라가 보는 동심의 고향」이란 글에서 김형식 아동문학가는 '박 시인은 내 시의 원천은 고향에서 출발한다고 밝힌 바 있고, 시인의 시를 평하는 이들도 고향의 이미지와 고향의 삶이 시인의 마음에 그대로 살아있음을 이야기하곤 하였다' 면서 박 시인이 앞으로 '천성처럼 지니고 있는 맑고 섬세한 감성을 바탕으로 반짝이는 아침 햇살 같은 시들을 멈추지 않고 계속 뽑아낼 것이라 믿는다' 고 했다.
　필자는 위 시 「봄밤, 찔레꽃」을 읽으며 김형식 아동문학가의 바람이 결코 헛된 것이 아니었음을 확인할 수 있었다. 동시라고 해도 될 정도로 깨끗한 서정이 흐르는 이 시 역시 고향에서 볼 수 있던 봄밤의 찔레꽃이다. 이 시에서는 유달리 시각적 이미지가 환상적으로 그려진다. 5월 보름쯤 찔레꽃잎에 새파란 달빛이 내려 앉았다고 하지 않았는가? 그리고 그 이미지는 동화적 상상력을 발휘한다. 달님이 말한 '곱다, 정말 고와'라는 말을 듣는 순간 찔레꽃잎은 어떤 기분이었을까? 그 달밤은 자작나무 그림자 걸린 황홀한 밤이었을 것이다. 이처럼 고향 산천의 아름다움을 가슴에 품은 박 시인은 월유봉의 절경을 사랑하기도 하지만 찔레꽃에 내려앉은 달빛도 관조하면서 시상을 펼쳐나간다.

안부라고 하기엔
좀 쑥스럽지만요
마음 일렁이는 봄날엔
뭐라도 한줄 적어 보내야겠어요

혹여 서운했더라도
하늘 날던 홀씨의 기억으로
아픈 생채기 보듬어 주세요
좋은 시절도 있었다고요

길가 차가운 땅 한 자락
운명이듯 인고의 뿌리내리면
돌아온다고 손가락 건 그래

어디쯤에 내 모습 떠올리나요

가물거리는 아지랑이 따라
젖은 눈가 그리움 밀려오는데
이젠 안부조차 멀어진 밭둑에서
뭐라도 한 줄 적어 보내야겠어요
　　　　　-「민들레 편지」전문

사실 민들레는 박 시인의 고향인 영동에서만 피는 꽃은 아니다. 도시인 청주에도 피고 산업단지로 분류되는 진천이나, 음성의 들녘에서도 어디서나 지천으로 볼 수 있는 꽃이 민들레이다. 그런데 우리는 박 시인이 바라본 민들레는 영동의 어느 산골 들녘 한 구석에서 핀 꽃이라고 느낀다. 왜일까? 그것은 김형식 아동문학가의 지적대로 '박 시인의 시는 그의 성품과 닮아 있어 친근하고 푸근하기' 때문이다. 또 '그의 시편들이 서정적이기 때문이다. 서정적인 시가 주는 친근성은 누구나 읽으면 금방 느낄 수 있는 감성의 가교 역할을 하기' 때문이다.

민들레는 서울과 같은 대도시의 근교에서도 필 수 있지만 충북 영동의 산골에서 피어나는 것이 시적 분위기상 더 잘 어울리기 때문이다. 그래서 우리는 이 시「민들레 편지」역시 박 시인의 고향 사랑에 바탕을 둔 시라고 생각하게 되는 것이다. 시 속에서 서정적 자아인 민들레는 말한다. 안부라고 하기엔 좀 쑥스럽지만 이렇게 마음 일렁이는 봄날엔 뭐라도 한 줄 적어야겠다고. 홀씨가 되어 멀리 날아간 님을 그리워한다. 그리고 편지를 쓴다. 우리의 인연으로 아픈 생채기 보듬어 달란다. 좋은 시절도 있었음을 기억해 달라는 말도 덧붙인다. 돌아온다던 임은 이제 어느 먼 땅에서 연약한 뿌리를 내리고 있을 거라고 체념하면서 아지랑이 따라 그리움마저 점점 멀어지기에 편지 한 구절을 써본다. 이 얼마나 서정적인 아름다움인가?

요즘 박 시인은 고향인 영동을 떠나 청주에서 기거하고 있다. 그러나 고향을 떠났을망정 그의 시심은 고향에 바탕을 둔다. 청주에서 「우암산 연가」를 읊조릴 때나 갑사 입구에서 「황매화 피거들랑」이란 시를 지을 때도 그의 시 속에는 어린 시절을 보낸 고향에서 일구고 자란 서정적 정서가 주를 이룬다.

박 시인의 시집 『그들은 새를 보지 못했다』의 발문에서 문학평론가인 김재국 박사의 지적대로 '박 시인의 고향 사랑은 유별나다. 그것은 그의 작품 저변에 깔려 있는 중요한 모티브가 되고 있다'

  기실 사건의 단초는
  다섯 살 손자 놈 때문이여
  다짜고짜 매미 잡아달라는
  괜한 골부림이었으니까

예전 시골에서와는 달리
매미 잡는 게 쉽지 않았어
우여곡절 끝에 한 마리 잡았는데
그 참, 반나절도 안 돼
이놈이 그만 심드렁해진 거여
결국 매미를 놓아주었는데
여기서 문제가 생긴 것이여
굴참나무로 날아간 매미가
내 귓속에 지워지지 않는
소리 한 소절 심어 놓은 것이여
씨롱씨롱 씨르르르
씨롱씨롱 씨르르르
참고 참았던 울음 한 마디
귓속 깊숙이 새겨 놓은 것이여
- 「매미소리」전문

  퇴직 후 박 시인은 손자를 돌보며 즐거운 시간을 가질 때가 많은 것 같다. 손자가 서정적 자아인 할아버지에게 매미를 잡아달라고 하는 데 '예전 시골에서와는 달리' 라는 5행의 구절로 보아 그 장소는 박 시인의 고향은 아닌 것 같다. 우여곡절 끝에 한 마리 잡았는데, 손자는 매미와의 놀이에 반나절도 안 되어 심드렁해진다. 결국 잡은 매미를 놓아주었는데 여기서 문제가 생긴다. 매미가 할아버지의 귓속에 쟁쟁거리는 소리 한 소절을 심어 놓은 것이다. 그 매미의 울음소리는 바로 고향인 영동에서 듣던 그리운 고향의 소리였다. 박 시인의 내면 깊숙이 가라앉았던 고향에 대한 그리움이 마침내 귓속 깊숙이 이명으로 남았던 것이다. 이처럼 박 시인은 고향이 아닌 곳에 기거하고 있을망정 그 마음은 늘 고향을 향하고 있다.

　추석 지나 사흘째 되는 날이다. 학교운동장에 만국기가 펄럭인다. 온 동네가 떠나가도록 흥겨운 풍악소리 울려 퍼진다. 운동장 주위 알록달록 늘어선 천막. 마을 한 바퀴 돌아온 풍물패가 신나게 분위기 달군다. - 중략 -
　그런데 조회대 옆 천막에 교장선생님 대신 면장님이 앉아있다. 까맣게 그을린 아이들과 선생님은 보이지 않고 영농후계자와 동네 이장님만 보인다. 그리고 보니 운동장 가득 모인 사람들이 경로당 어르신들이다. 마을에 아이울음 멈춘 지 이미 오래되었다. 칠십 어르신들이 아픈 무릎 추스르며 운동장 내달린다. 여름내 복지관에서 배운 재롱 춤도 춘다. 얼큰한 국밥에 막걸리 한 사발 들이키면 가을 해가 성큼 기운다. 경품 추천이 끝나고 가래 끓는 소리로 만세삼창을 한다. 어르신들 오래 사세요. 면장님 일장 연설이 끝났다. 아이들 없는 어르신들의 가을 운동회가 막을 내렸다.
　　　　　　　-「운동회 신풍속도」부분

박 시인의 시집에 대한 해설로, 앞서 제시한 김승환 교수의 「황학산 산기슭 박 선생 싸리꽃」이란 글에서 김 교수는 '섬세하고 깊은 시인의 시선은 항상 낮은 곳으로 향해 있다'고 말했다. 이어서 '시인 박천호는 많이 가지지 못하고 큰 권세가 없는 민중들의 세상을 기다리고 있는가? 그렇다. 시인의 역사와 인간에 대한 직관은 대서사양식(grand narrative)은 물론이고 삶의 잔잔한 비늘들의 소중함 역시 놓치지 않는다.' 라고 말하였다. 또 '자잔한 기쁨, 자잔한 슬픔에 에워싸여 있음을 알고 있는 것. 나는 그가 지향하는 세상은 민중들의 세상, 씨알의 누리와 같은 세상일 것이라는 생각이 들어 다시 한번 그를 떠올리게 되었다'라고도 했다.

필자는 이와 같은 김 교수의 평가에 수긍한다. 박 시인의 첫 번째 시집의 해설에서의 위와 같은 평가는 이후의 시집은 물론 이번 시집에서도 그대로 이어지고 있다고 필자는 생각한다.

그런데 여기서 우리가 주목해야 할 것은 이 시에는 이야기적 요소가 있음을 발견하게 된다는 것이다. 학교 운동장에 만국기가 펄럭이고, 온 동네가 떠나가도록 풍악소리가 울린다. 운동장 주위엔 천막도 늘어서 있다. 이 시의 시작 부분을 보면 이 시가 학교에서 학생들이 모여서 하는 운동회가 시작되는 것으로 누구나 생각할 수밖에 없다. 그러나 후반부로 가면서 이 운동회는 어린이들의 운동회가 아니라 어른들 특히나 연세가 많으신 어르신들의 잔치 한마당임을 알게 된다. 처음에는 어린이들의 운동회로 알았다가 나중에 그 운동회가 어른들의 운동회였다는 깨닫게 되는데, 시의 전개가 이야기 전개와 같은 인상을 준다. 즉 그는 농촌 지역의 저출산과 고령화 사회를 걱정하고 있는 것이다. 이 시를 딱히 서사시로 분류할 수는 없지만, 서정시의 맥락 속에서도 서사적 요소가 녹아있다는 사실을 부인할 수 없을 것이다.

한 시대의 흐름을
명징하게 비추지도
도도한 역사의 물결을
뜨겁게 끌어안지도 못했소
그저 외로운 여자의
가녀린 손가락 사이에서
붉은 입술만 더듬었소
지금은 어둠 내린
분리수거장 한구석
빗장 길게 긋고 누웠소
초라한 모습 감추려고
비둘기 한 쌍의 사랑놀음
멀찍이 품어보는 중이오
　　　　-「거울의 변명」전문

박 시인의 이 시는 언뜻 윤동주의 '참회록'을 떠올린다. 사물을 비춘다는 본연의 기능과 역할을 다하지 못하고 금이 간 상태로 분리수거장에 버려진 거울의 모습에서 무기력한 자신의 모습을 떠올린 것은 아닐지 생각하게 된다.

그런 관점에서 박 시인은 도도하게 흘러간 역사의 뒤안길에서 시인으로써의 역할을 제대로 했는지도 스스로에게 되묻고 있다. 어려운 시대에 살면서 파란 녹이 낀 청동거울을 온몸으로 닦으며 스스로를 담금질 했던 윤동주 시인에 대한 나름 부끄러운 고백이 아닐까 유추해 볼 수 있는 대목이다.

박 시인의 세 번째 시집 『강아지 풀을 뜯으며』의 해설 「마른 세상을 향한 긴장과 그리움」에서 김석환 교수는 시집 해설 끝부분에서 '이 시집에는 그리움이 일관되게 흐르고 있는데, 그것이 곧 사람을 살아 있게 하고 새로운 세계를 향해 나아가게 하는 생명력이요 추진력임을 확신하게 된다'도 했다.

이번 시집 『민들레 편지』 속에도 '그리움'이 대표적 정서로 자리매김하고 있다. 이제 교단을 떠난 박 시인은 여전히 학교를 그리워하고 있고, 돌아가신 어머니를 사무친 마음으로 그리워한다. 그리고 이제까지의 시집에서와 같이 고향을 그리워한다. 고향은 박 시인에게 있어서 시의 출발점이요, 또한 종착역이기도 하다. 그의 맑고 섬세한 감정은 고향의 자연에 그 시선이 머무르며 더욱 빛난다.

한편 그리움의 변주로 그의 시선은 낮은 곳으로 향한다. 힘없는 노인들을 보면 안쓰러워하고 그들을 대접하지 못하는 사회 현상을 비판적인 시선으로 바라본다. '세상 엿보기'와 같은 시사적인 시가 보이는 이유도 그러한 데 있다.

시에 있어서 서정성과 순수성을 누구보다도 중시하면서 그 속에 서사적인 이야기를 담아내려고 노력하는 박천호 시인의 다음 시집을 기대해 본다.

시인의 한마디

　박천호 시인의 작품 구심점은 누가 뭐래도 고향인 영동이다. 거기서 나고 자랐으며, 그곳에서 학생들을 가르치며 사십 년 교직 생활을 마무리했다. 그러다 보니 자연스레 고향 사람과 주위 사물이 박 시인 시의 원천이 될 수밖에 없었을 것이다. 어쩌면 시골 촌놈의 삶을 살아온 그의 일상이 자연과 친근해지고, 이웃과 정을 나누며, 오염되지 않는 순수한 시의 바탕이 되었으리라.

　이번 시집에 나타난 그의 시는 변화하는 환경과 인간의 생태계를 주목한다. 아이들 사라진 문 닫은 산골학교를 걱정하고, 격세지감인 손자와의 세대차를 실감한다. 잘 알아듣지 못하는 신세대 가수의 노랫말을 아쉬워하고, 먼 길 떠나신 어머니를 그리워한다.

　결국 이 모든 이미지는 박 시인의 시심으로 녹아 흐르는데, 이게 박 시인 시를 지탱하는 자생력이 아닐까 유추해 본다. 모쪼록 봄이면 숙명이듯 길가에 피는 민들레꽃 닮은 박 시인의 소박한 시 향기를 많은 독자들이 만끽했으면 하는 바람을 가져본다.

신청호(시인)

박천호 제8시집

민들레 편지

발행일　　2025년 8월 15일

지은이　　박천호
펴낸곳　　편백나무출판사
출판등록　2013. 7. 1.(제 2013-000013호)
주소　　　충북 청주시 청원구 1순환로 335번길 47-1
전화번호　043)252-3137　팩스　0303-3447-3137

ⓒ박천호 2025
ISBN 979-11-86977-39-2
값 12,000원

이 책은 2025년 충청북도, 충북문화재단 Chungbuk Cultural Foundation 의 후원을 받아 예술창작활동지원사업의 일환으로 발간되었습니다.